Meditación
sobre la muerte

Annick de Souzenelle

Meditación
sobre la muerte

EDICIONES OBELISCO

Si este libro le ha interesado y desea que le mantengamos informado de
nuestras publicaciones, escríbanos indicándonos qué temas son de su interés
(Astrología, Autoayuda, Psicología, Artes Marciales, Naturismo,
Espiritualidad, Tradición...) y gustosamente le complaceremos.

Puede consultar nuestro catálogo en www.edicionesobelisco.com

Colección Espiritualidad y Vida interior
MEDITACIÓN SOBRE LA MUERTE
Annick de Souzenelle

1.ª edición: noviembre de 2024

Título original: *Méditation sur la mort*

Traducción: *Susana Cantero*
Corrección: *M.ª Ángeles Olivera*
Diseño de cubierta: *Enrique Iborra*

© 2023, Les Éditions du Relié
Derechos de publicación negociados a través de
Cristina Prepelita Chiarasini, Agence CGR,
www.agencelitteraire-cgr.com
(Reservados todos los derechos)
© 2024, Ediciones Obelisco, S. L.
(Reservados los derechos para la presente edición)

Edita: Ediciones Obelisco, S. L.
Collita, 23-25. Pol. Ind. Molí de la Bastida
08191 Rubí - Barcelona - España
Tel. 93 309 85 25 - Fax 93 309 85 23
E-mail: info@edicionesobelisco.com

ISBN: 978-84-1172-191-2
DL B 13346-2024

Printed in Spain

Impreso en España en los talleres gráficos de Romanyà/Valls S. A.
Verdaguer, 1 - 08786 Capellades (Barcelona)

PREÁMBULO

Al final de una existencia dedicada a desvelarnos el sentido profundo de la vida, Annick de Souzenelle, con 101 años cumplidos, da testimonio de ese algo Último hacia el que la va conduciendo paso a paso el Espíritu que siempre le ha dado vida.

En los peldaños de una fase, en los peldaños del Palacio, tocando ya ella misma ese final, nosotros no podemos más que sentirnos conmovidos por sus últimos escritos, tan próximos a lo que está viviendo.

Y a sus allegados y a todos aquellos que la rodean les permite, una vez más, compartir una parte gloriosa de su intimidad. Así, nos invita a acercarnos, cuando nos llegue el día, y desde la oración y la intimidad, a ese gran misterio que es la muerte.

¿Por qué morir? ¿Cómo morir o no morir?

Estas preguntas, que hunden sus raíces en la humanidad, no han dejado de atormentarnos.

¿Y si la muerte fuera una «visita divina que nos ama»?, piensa Annick de Souzenelle.

Eso tal vez cambiaría nuestros debates actuales acerca de este tema...

Con independencia de las «buenas razones» para que acontezca la muerte o no, la cuestión de fondo sería más bien: ¿qué sentido darle? ¿Con qué conectarla? Para no sentirnos afectados, la llamamos «el final de la vida», lo que nos lleva a creer que todo muere y que nada permanece, pero esto supone más o menos acabar con cualquier posibilidad de continuidad. ¡Y la muerte forma parte de la vida! Es la continuidad la que hace inteligible el tránsito a otros niveles de realidad.

Al abordar la realidad, Annick de Souzenelle abre la puerta y nuestro entendimiento a esos otros campos de realidad que no ha dejado de enseñar.

Nos deja entrever lo que puede ser ese gran tránsito, el que «nos reintroduce en nuestro estado original, es decir, en "el otro lado de Dios"».

Un estado que, al parecer, ella aborda de manera serena y sosegada.

«La verdadera realidad no puede describirse; tan sólo podemos experimentarla y observar el silencio». No obstante, cuántas veces la autora nos ha preparado para vivir ese camino, para vivir nuestras rupturas del pasado como otras tantas pruebas de pérdida de seguridad en todos los ámbitos para poder adquirir esa fuerza del desapego: «La de un amor purificado hasta tal punto [...] que está mucho más allá de "deber amar"».

Pasado por la matriz de fuego, el amor es la única arma «que nos permitirá andar sin mirar atrás, atravesando muertes y resurrecciones, por el camino nupcial del encuentro con el Amado».

¿Cuántas veces ha cantado ese ascenso a la Unidad? ¿Acaso no lleva ya unos años diciendo «muero maravillada»?

Llegar a la meta no es un fin en sí mismo, sino que este fin también anuncia un nacimiento.

«Como interviniente de todas las muertes y renacimientos que van jalonando nuestro desarrollo, ¡la muerte es mutación!».

Annick de Souzenelle nos insta a que tengamos siempre cuidado de no aplastar a la oruga antes de que se convierta en mariposa.

Después de dejar aquí nuestra «túnica de piel», el cuerpo que tenemos, y no el que somos, ¡lo cierto es que resulta difícil imaginarnos convertidos en una ninfa para entrar desnudos en la divinidad! Pero aquí abajo permanecemos el tiempo que nos permite aprehender ese Alto Más Allá. Podemos transformar nuestro mundo animal para acceder a las estructuras de imágenes de ese devenir alado.

Y son los ángeles, ese mundo tan querido para Henry Corbin, los que permiten el tránsito de lo humano a lo divino.

Al enseñarnos a desentrañar y descifrar los textos sagrados, Annick de Souzenelle no tan sólo nos instruye, sino que también nos invita a recordar lo que está escrito, es decir, que el hombre es el único que se ha creado según la *Imago Dei*.

«He aquí que llega la realización de toda carne», o, lo que es lo mismo, es el tiempo de la cosecha de los frutos del verano; es el tiempo de la vendimia.

Y también es el tiempo del encuentro con los Guardianes de los campos de frutales... El cara a cara con aquellos a los que Annick de Souzenelle denomina los «Guardianes del umbral».

Fabienne Buccelli

Nuestro más sincero agradecimiento a Catherine Guillet por su ayuda y a Daniel Sedlbauer por su contribución en la relectura.

11

Capítulo
1

MUTACIONES

«Abrirse a la otra vida»

La palabra «muerte» aparece por primera vez en la Biblia, en el segundo capítulo del Génesis, después de que Dios, 'Elohim, retira a 'Adam de las «Aguas de Abajo», de la 'Adamah en la que éste permanecía con los animales terrestres que habían sido creados junto con él durante el sexto día de la obra divina. Dios, 'Elohim, deposita entonces en 'Adam su simiente, haciendo de él su femenino y su futura esposa si 'Adam crece y recorre su camino hacia Él.

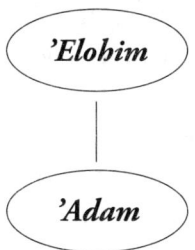

Este camino consiste en hacer crecer la simiente y, con ello, conquistar el jardín del Edén, «cultivarlo y guardarlo» en los diferentes niveles que lo constituyen, porque se presenta como construido en espalderas. El patriarca Jacob lo vio en sueños como una escala por la que había que trepar, una escala que conectaba las «Aguas de Abajo», la 'Adamah, con las «de Arriba», el reino de 'Elohim. La 'Adamah se encontraba en posesión de los animales que la poblaban.

Este jardín atesora sobre todo la riqueza de dos árboles que se hallan en el centro: el Árbol de la Vida y el Árbol del Conocimiento. A este último, hasta el día de hoy, lo conocemos como el árbol del «bien y del mal». Tras invitar a Adán a comer de todos los árboles que se encuentran en el jardín, YHWH-'Elohim añade: «**Pero del Árbol del Conocimiento de lo que está realizado y de lo que todavía no lo está, no comerás, porque el día en que comas de él, dado que eres un mutante, mutarás**».

Aquí nos encontramos ante una lectura diferente de la de las biblias que nos han proporcionado como sustento hasta el día de hoy. Porque actualmente estamos viviendo una considerable evolución de la humanidad, que ya no se limita al primer nivel de lectura del mensaje divino, el nivel llamado *Pshat*, o lo «simplísimo».

Ya el estrato siguiente, denominado *Remez*, es decir, el «guiño de ojo», nos invita a cosas más sutiles, pero estoy tentada a decir que el tercer nivel de lectura, el *Darash*, nos arranca el corazón debido a la conmoción que nos produce. La última etapa del mensaje permanece en el ámbito personal, totalmente interior, vivida y no enunciada. Se trata del secreto, *Sod*, y constituye el «fundamento» de nuestro ser, o *Yesod*; secreto del «NOMBRE», de la *Yod* en la que estamos llamados a convertirnos, participante del Santo Nombre Yod-Hei-Vav-Hei, fruto Él mismo de la simiente que en ese momento se ha convertido en el Árbol del Conocimiento.

Ante esta nueva luz, la traducción del hebreo *Mōt Tamut* por «de muerte, morirás» se recibe como un castigo, una condena, un sinsentido que conduce a numerosos seres a acabar cuanto antes, ¡hasta tal punto que el mundo que les ha sido dado vivir no es más que sufrimientos absurdos! «Absurdo», es decir, «lo que procede de la sordera».

Abramos los oídos al *Darash* y comprendamos que comer ese fruto del Árbol del Conocimiento, la integración de su energía, nos hará crecer por el camino del NOMBRE si éste ha madurado **a través de la vía interior** mediante la integración de las energías animales contenidas en la 'Adamah. Entonces, ésta se denomina «*Ishah*-esposa», porque en ese momento debe penetrarla el 'Adam para fecundar todos los óvulos, que son sus energías que permanecen en el estado animal.

El 'Adam debe desposar a su 'Adamah, y nosotros no podemos conformarnos con el trabajo de Sigmund Freud, muy hermoso pero insuficiente hoy en día, cuando cada día que pasa se está intensificando la búsqueda de sentido. ¡El «gran viraje» ya se encuentra muy cerca!

Yo no podría explicar cómo puede madurar ese fruto del Árbol del Conocimiento de otro modo que no sea por la vía interior. Pero si es éste el caso, el hecho de que el 'Adam coma su fruto no puede sino reconducirlo, si bien aún en posesión de la simiente divina, a una nueva gestación en el corazón de su 'Adamah, ¡confundida de nuevo con los animales que viven en ella!

Lo cierto es que ese fruto de conocimiento madurado únicamente por la vía exterior no tendrá el mismo sabor exquisito que aquel que se le exige al 'Adam que ha madurado a través de la vía trazada por Dios.

¡Debe tener, incluso, un sabor de auténtica muerte! Esto lo podemos presentir nosotros, el 'Adam de este siglo, que hemos convertido en un producto de nuestra inteligencia, desprovista de sabiduría y, más aún, de amor.

17

Ahora bien, la Sabiduría es el fruto del Árbol de la Vida. Y el Árbol de la Vida arraiga en la cabeza del 'Adam que ha salido de las manos de Dios. Pero el 'Adam en estado animal ya no dispone de esa fuente. Parece que su cerebelo, llamado durante mucho tiempo «árbol de la vida», es un repetidor de éste, un eco y quizá un receptáculo secundario, en cuyo caso, el Árbol de la Vida, partiendo del cerebelo, se hallaría en la médula espinal.

Tal vez sea ésta el río de vida, ese río UNO (es decir, divino) que se describe en el Génesis que fluye con cuatro cabezas hasta el desarrollo del feto en el interior del cuerpo humano, donde se alojaría la Simiente divina, porque la médula espinal, a partir del tercer mes de vida intrauterina, asciende hasta la tercera vértebra lumbar.

¿Aportará, quizá, cierta sabiduría a la locura animal…?

Me parece importante hacer hincapié en el hecho de que el 'Adam, que ha recuperado el estado animal que somos, está en posesión de la fuente del Conocimiento, que se ha mantenido presente en la Simiente divina fundadora de su ser, pero ha perdido la de la Sabiduría.

Su mente se ha apoderado de ese conocimiento, que ha ido incrementándose progresivamente hasta generar en la actualidad su fruto, basado en las tecnologías y sus aplicaciones… Pero la sabiduría ha seguido siendo infantil; se ha multiplicado según las diferentes opiniones, es fuente de conflictos y ha generado diversas escuelas.

Ahora bien, la tradición mística judía apela a la Sabiduría (Padre divino) y a la Inteligencia (Madre divina). Así, el texto bíblico afirma: «El 'Adam dejará a su padre y a su madre y se unirá a su esposa (*Ishah*), y ambos se convertirán en carne UNA».

El 'Adam, bien diferenciado de su *'Ishah,* su «otro lado», podía oír y conseguir esto. Llevaba, en efecto, a su «Padre divino» sobre los hombros…

Pero ante la prueba de Satán, se refugia en su *'Ishah,* es decir, en la reacción animal, y el Padre divino, la sabiduría, se derrumba.

¡*'Ishah* sola, el inconsciente del 'Adam, es quien recoge el fruto que ha madurado únicamente por la vía exterior!

El 'Adam se muestra incapaz de vivir el fuego de esa nueva realidad en la que estaba invitado a participar. YHWH-'Elohim le protege de ella y le hace mutar en regresión. El 'Adam permanece entonces con su 'Ishah en la *'Adamah* de ambos, en medio del mundo animal, hasta que germine la Simiente divina, cuya riqueza porta en su interior y que lo hace distinto de los animales.

Esta regresión no es un castigo, y menos aún una muerte, sino una protección divina depositada en el 'Adam; por una parte, respecto al fuego, que lo habría aniquilado, dado que no se había convertido en él; y, por otra, en relación con los animales, de quienes ahora es familiar, recubriéndolo con una piel e invitándole para recuperar la relación adecuada con su *'Adamah* en un **viraje** radical.

Este cambio de rumbo siempre ha sobrecogido a los grandes místicos, a los grandes santos de la humanidad; y el que está en juego hoy arrastra consigo al colectivo, a toda la humanidad.

Pero la Inteligencia todavía no ha recuperado su papel de sierva de la Sabiduría.

La mente ha tomado el lugar del maestro, y la Sabiduría, llamada a descender al corazón, permanece bloqueada en su fuente y es sustituida por una ética de servidumbre.

Bien, debería decir «por varias éticas», porque, al tener una cualidad animal, éstas son objeto de debates interminables, e ¡incluso de guerras! La Sabiduría pide de manera urgente que volvamos a colocarnos nuestra cabeza primigenia sobre los hombros. Ella sola es la que, estando en posesión del Padre divino, le proporciona al 'Adam el discernimiento necesario para el camino, y es cada vez más asombrosa a medida que se va ascendiendo. Cristo nos da una pequeña idea de ella cuando culmina su enseñanza diciendo: «Asimismo tú has cumplido con tu deber, eres un sirviente inútil».

Y esto mismo ocurre cuando remunera con el mismo salario al obrero de primera hora de la mañana y al que llega por la tarde. ¡Lo cual quiere decir que la moral correcta del bien y del mal ya se ha superado!

Al final de esta meditación, creo que debo insistir en el hecho de que la muerte y un nuevo nacimiento son hechos inseparables.

Las palabras hebreas que se emplean para ello son:

Para la muerte: *Mōt* – מות
Para el nacimiento: Ledah– לידה

Si asocio estos dos sustantivos, obtengo la palabra *Mōledet,* מולדת, que también se traduce como «nacimiento», e incluso «origen».

Toda muerte implica un nacimiento; la muerte no puede vencer a la vida, que, con independencia del nivel en el que se encuentre, es *Haï* - יח, es decir, la conquista del Santo Nombre יהוה, tras haber logrado pasar la barrera - ח.

Detengámonos en el origen de la fuerza que le permite al 'Adam (que somos todos, tanto hombres como mujeres, niños y ancianos) vivir estas mutaciones.

Esa fuerza es el amor.

Tal vez resulte atrevido hablar de una calidad de vida de la que tan sólo disfrutaron unos cuantos santos, conocidos o ignorados, de todas las tradiciones. Pero tanto si dieron testimonio de ella como si guardaron silencio, todos ellos bebieron de la fuente del Árbol de la Vida.

Esta cualidad de amor que permite las mutaciones mana del Árbol de la Vida y desciende al corazón que se encuentra más allá del corazón más generoso.

Este amor no es una emoción; su inflamación es un fuego divino que no le tiene miedo a nada.

Si en el Cantar de los Cantares, el rey Salomón canta su amor por su amada, se hace sulamita para recibir el amor de su Señor, ese que no se apaga. Y ese amor es la Espada misma del Santo Nombre YHWH, que tiene poder macho sobre aquello que no es el mal, sino lo no realizado; de ahí esa noción esencial del amor a los enemigos. Es maestro de obras de un trabajo nupcial.

«La fuerza del amor nos hace capaces de las mutaciones».

Abrámonos ahora a esta penetración amorosa a la que todos estamos invitados.

Capítulo
2

LA MUERTE,
UN UMBRAL DECISIVO

«La Sabiduría y el Conocimiento
son dos cualidades divinas
respectivamente llamadas, en la Biblia,
Padre y Madre divinos».

Los numerosos óvulos de los que está dotada una niña desde su nacimiento están, como todo lo «no realizado» esperando ser fecundados en un impulso amoroso macho para dar lugar a un niño.

Como conocemos bien esta gran obra de origen animal, comprendemos que, en nuestro nivel de involución, es la imagen de una ley divina más amplia que podemos recuperar si estamos atentos a los datos del Génesis.

En este libro, durante el segundo día de la creación, Dios-'Elohim despliega las «Aguas de Arriba», el ámbito de los 'Elohim, y las «Aguas de Abajo», el de los animales terrestres creados el sexto día, ambas conectadas por una suerte de cordón umbilical.

'Elohim

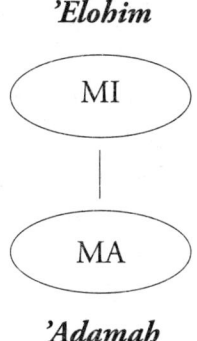

'Adamah

Uno de estos animales, a la sazón nombrado el 'Adam (aquel que es de «sangre divina»), es sacado de las «Aguas» matriciales (las de abajo), denominadas *Adamah,* es conducido a «lo seco» y Dios-'Elohim le encarga que reconduzca hasta Él, que está en las «Aguas de Arriba», la creación entera, integrando una a una las energías animales que se han quedado en la *'Adamah.*

Con este objetivo, 'Adam está, como si dijéramos, re-creado, pero, además, se ha enriquecido con una Simiente divina que Dios depositó en él, quien, de este modo convierte a 'Adam en su esposa, *'Ishah* de Dios.

'Elohim procede, además, a la diferenciación bien nítida entre el 'Adam salido de las «Aguas» de la *'Adamah* y su *'Adamah* matricial convertida en el otro «**lado**» de él (¡que nunca fue una costilla!).

Para hacer crecer esa simiente, 'Adam deberá penetrar a su *'Adamah* para fecundar uno a uno todos los «óvulos» que ella alberga —que hasta ese momento habían permanecido en estado de energía animal—, para devolvérselos a su Señor.

En ese momento, ese otro lado de él se conoce como *'Ishah* en su función de esposa.

¡'Adam, 'Ishah de Dios, tiene como 'Ishah a su madre 'Adamah!

En una alquimia secreta, el Señor extrae la información contenida en esas energías y construye así, con 'Adam, y a partir de la Simiente divina depositada en él, el Árbol del Conocimiento, cuyo único fruto será lo totalmente realizado, es decir, el 'Adam divinizado.

Esta ley de esponsales se repite en cascadas que van ascendiendo, desde la obra amorosa del espermatozoide macho y del óvulo hembra animal, pasando por esta misma obra, pero esta vez ontológica, entre todo 'Adam que represente un papel macho y sus «óvulos», que son los animales de su *Ishah-'Adamah*; esos animales que antaño eran sacrificados de manera simbólica en los altares de Israel.

Cada etapa de crecimiento de 'Adam exige la verificación de una integración adecuada para que éste no quede abrasado por esa nueva intensidad de energía con la que está llamado a encontrarse.

La primera verificación confiada por Dios al serafín Satán –que se describe en el tercer capítulo del Génesis– nos revela a un 'Adam de nuevo confundido con su *Ishah* y que ha hecho la regresión a su *'Adamah* en medio de los animales que la habitan.

Tan sólo había oído la ley divina con su mental, pero su espíritu no la había integrado.

Entonces queda cubierto con una «túnica de piel» que le permite vivir en un medio animal; en él permanece la siembra de Dios, ¡pero él la olvida con rapidez! ¡Y se deja comer por los animales de su interior, ellos también olvidados!

Se deja comer por el león de la soberbia, por el tigre de la posesión, por la serpiente de la maledicencia, por la libido enloquecida del caballo, etcétera, en lugar de integrar sus respectivas energías, cuya violencia resulta, de este modo, destructora.

'Adam se estanca en su identificación con el animal y no se verticaliza.

Muere tal y como nació: 'Adam, potencialmente 'Elohim (hombre o mujer en potencia Dios), ¡pero que se ha quedado como animal! ¡Un animal anegado en sus «Aguas de Abajo», su *'Adamah*-madre, no desposada!

Conservando esta ley de esponsales que se ha esbozado, propongo aplicarla a lo que es, en profundidad, nuestra muerte.

Pero más que de nuestra muerte debería hablar de nuestra «túnica de piel», dado que nuestro ser profundo tan sólo vive, en ese momento, una mutación. Este momento tan temido, ¿no es acaso el de una penetración amorosa del Amante Divino, en la que nuestro 'Elohim toma la energía animal en la que nos hemos vuelto a convertir para conducirnos a hacer crecer la Simiente divina que somos y convertirnos en ella?

¿No somos nosotros, en ese trayecto, los «óvulos» de Dios, penetrados por Él en el momento de la muerte, instante en el cual su fuego destruye la «piel animal» que nos rodea, y nos reintroduce en nuestro estado original, es decir, «el otro lado de Dios»?

La muerte, nuestra muerte física, ¿no es acaso ese instante de penetración divina del óvulo que somos cada uno de nosotros, el instante de su fecundación y de su entrada en el gran concierto de la deificación humana? Un momento glorioso que nos corta el aliento y nos hace participar de una respiración divina y deificante.

Lo que son los óvulos para el espermatozoide y, para nosotros, los «peces»[1] de nuestra *'Adamah*, ¡eso es lo que somos nosotros para Dios! Hay que señalar que, cuando no nos comemos esos peces, son ellos los que se nos comen a nosotros. (Véanse los mitos de Jonás y Tobías).

---

1. Empleo aquí la imagen bíblica de los peces para designar los animales terrestres que viven simbólicamente en las «Aguas de Abajo», es decir, en un «no realizado» simbolizado por las aguas.

Por otra parte, ¿Cristo no viene a prometernos que **todos** seremos «comidos», integrados, amados por Él, para convertirnos en 'Elohim?

Aquí tenemos su último mensaje en boca de Juan el Evangelista.[2] La escena tiene lugar tras la resurrección de Jesús. Entre siete y diez apóstoles, al parecer, junto a Pedro, han estado pescando durante toda la noche sin capturar ningún pez. Al amanecer, agotados, sacan las redes a la playa, donde un hombre a quien no conocen los acoge y los invita a que arrojen una vez más la red al mar. Juan parece reconocer al Señor, se lo dice a Pedro y todos obedecen. En esta ocasión, las redes se llenan de peces. Pedro, muy emocionado, se arroja al mar y se encuentra, como siempre, el primero junto a su Señor. Le siguen los demás, tirando de sus redes, en las que hay ciento cincuenta y tres magníficos peces.

Jesús los invita entonces a que se los coman en el fuego que él ya tiene preparado en la playa.

Ciento cincuenta y tres es la «gloria» del número 17 —es decir, su forma realizada—, el cual es, a su vez, el valor numérico del calificativo *Tob* - טוב, «lo realizado», frente a de *Raʿ* - רע, lo «no realizado aún».[3] Significa, pues, que todos los «óvulos divinos» serán honrados, ¡que todos los Hombres serán otros tantos 'Elohim!

«Dios se hizo Hombre para que el Hombre se haga Dios (cada uno un 'Elohim)», afirma la Iglesia de los primeros

---

2. Jn 21, 1-14.
3. Las palabras hebreas *Tob* y *Raʾ* son las que califican el Árbol del Conocimiento (Gn 2, 17), y se traducen como «bien y mal». El «mal» es lo «¡no realizado aún!».

siglos a raíz de los dos testamentos: «Todos sois 'Elohim, todos hijos de 'Elyon» (Sal 82, 6 y Jn 10, 34).

Acabo la primera parte de este texto volviendo sobre los nombres que designan a lo femenino en la Biblia. Estos nombres han sido olvidados por algunos, como el de nuestra *'Adamah*-madre, y confundidos por otros, como el de *'Ishah*, esposa interior de todo 'Adam, su otro «lado», que se ha confundido con Hawah-Eva, la hembra animal esposa del 'Adam-macho tras volver éste a convertirse en animal.

Asimismo se confunden dos estados de 'Adam:

Por una parte, el estado del 'Adam ontológico, capaz de convertirse en Dios, tal y como salió de Sus manos el sexto día del Génesis, y fue informado sobre sus estructuras, así como sobre las leyes que presiden su vida, como se dijo el séptimo día.

Y, por otra parte, el 'Adam en el estado animal, o tras haber sido reconducido a él tras su fracaso de lo que podríamos llamar el octavo día. Pero, en este segundo caso, tenemos un 'Adam que sigue conservando la simiente de Dios, una simiente divina que se ha depositado en el corazón de su *'Adamah*, ¡aunque se olvidó junto con ésta! Fue olvidada y sentida de un modo tan confuso por 'Adam que éste se cree un Señor y actúa como tal, identificado con la ferocidad de los animales más aterradores. El sometimiento de Eva, confundida entonces con *'Ishah* y considerada responsable del fracaso de 'Adam en su prueba y, por consiguiente, de su exilio, es la más trágica de las imágenes de este episodio. Ahora bien, ¡es él, ese 'Adam-macho revestido de un estatus religioso, quien, en el corazón del inconsciente colectivo, en ese estado de exilio, se ha hecho maestro!

Así, ha proyectado sobre los textos bíblicos su sordera animal hacia el Verbo divino, y muy en particular hacia aquellos que ponen en escena a la mujer o los valores femeninos falseándolos de una manera radical.

Pero hoy se está despertando el mundo.

«¡No podemos seguir conformándonos con la antropología patrística!», exclama Nicolás Berdiaev en casi todos sus libros. Y el filósofo podía decirlo tanto mejor cuanto que, en su tiempo, las ciencias humanas acababan de emanciparse de la Iglesia y de descubrir en el hombre (hombre y mujer) su parte de sombra.

Desde que adquirieron autonomía, ciertas escuelas, entre ellas la de S. Freud, han realizado mucho trabajo de arqueología interior de la psique en el hombre, algo admirable, pero que rechaza a la Iglesia. Estas escuelas han rechazado también los textos sagrados que la fundaron, así como cualquier idea de presencia divina en ese 'Adam.

En cambio, la obra junguiana, excluida, no obstante, de la escuela freudiana, ha levantado el velo que ocultaba ese tesoro escondido en el «otro lado» de 'Adam.

Pero todavía hoy la obra junguiana se rechaza en la facultad, que pretende ser agnóstica, es decir, ¡una universidad que no quiere saber! Y la humanidad, que, a su vez, está empezando a liberarse de la enseñanza de las Iglesias, aún no se acerca a los textos sagrados, y no sabe que sus traductores cometieron a veces faltas para llevar la coherencia a su propia lógica;[4] o que incluso ignoraron los diferentes niveles de lectura de la escritura divina.

Una de las consecuencias más graves entre los errores de traducción es la que afecta a la *'Adamah,* es decir, a esa madre-esposa que dichos hombres confundieron con la Tierra, con nuestro planeta, ¡igual que confundieron esa cualidad de esposa, *'Ishah,* con la mujer que se había vuelto a convertir en animal, Eva!

Así, hacen hablar a Dios, quien le dice a 'Adam tras su falta: «El suelo está maldito por tu culpa»,[5] mientras que lo que está escrito es lo siguiente: «Tu relación con la 'Adamah se ha desplomado», y Dios añade: «Hasta que te vuelvas hacia ella porque eres polvo y hacia este polvo **vuélvete**».

Aquí se repite con fuerza la invitación divina a 'Adam, que se ha **desviado** de su devenir, para que proceda a un **volverse**. 'Adam no la oyó o no quiso oírla. Pero hoy ya no podemos permitirnos permanecer sordos y continuar haciendo de nuestro mundo una «absurdidad» cada vez más destructora.

Si insisto en este tema, es porque el 'Adam que somos todos sigue sin parecer escuchar todavía esta invitación divina, al menos en lo que respecta al colectivo, porque en todas las grandes tradiciones del mundo han respondido a ella grandes 'Adam, tanto hombres como mujeres, que se han despertado y han recorrido el camino que les propone.

---

4. Gn 4, 10: Dios dice [a Caín]: «¿qué has hecho? La voz de las sangres de tu hermano grita hacia mí», que debe leerse como: «¿Qué has hecho [tú que eres] voz? Las sangres de tu hermano gritan hacia mí».

5. Gn 3, 17-18-19: erróneamente traducido por Louis Segond y el abate Crampon.

En uno de mis últimos libros,[6] he comparado a la humanidad –el gran 'Adam– con un feto en gestación dentro del vientre cósmico, y he mostrado que está iniciando su séptimo mes, etapa en la que el niño, ya completo en el plano anatómico y fisiológico, y que aún se encuentra en el vientre materno, ¡**se da la vuelta**!

En ese momento es cuando, en el colectivo que hoy está atrapado en ese punto de inflexión cósmico, se produce una ruptura entre aquellos que lo acompañan con un viraje interior y aquellos que se sienten desazonados por él.

Pero hoy está en juego una ruptura aún más sutil entre aquellos que comprenden la imperiosa necesidad de ese vuelco, y lo viven, y aquellos que, por el hecho de haberlo comprendido, se hacen la ilusión de que están viviéndolo, pero no lo actualizan.

Los que lo viven han vuelto a situar sobre sus cabezas su cabeza ontológica, donde se encuentra la fuente del Árbol de la Vida, cuya savia es el objeto del río «UNO» –es decir, divino– que se ha descrito antes, y cuya última «cabeza» ha depositado, como en un orgasmo divino, la Simiente divina en el corazón de la *'Adamah-'Ishah* de 'Adam.

Pero 'Adam, retrogradado a su *'Adamah,* aunque conservando dentro de sí mismo esa Simiente divina que es fuente del Árbol del Conocimiento, ha perdido la del Árbol de la Vida, y tan sólo aplaca su sed en ésta, con lo que hace que se vierta al final del recorrido en la *'Adamah* para darle vida animal.

A raíz de esto, se comprende que el Árbol del Conocimiento, que le resulta familiar, desarrolle en ese 'Adam una

---

6. *Le grand retournement*, Le Relié, 2020.

inteligencia y una mente poderosas. Pero la sabiduría que le aporta este río de vida que debería acompañar a la inteligencia no es más que aquella que se le otorgó al animal. ¡La mente se ha convertido en señor y la sabiduría en sierva!

Como ya se ha comentado, sabiduría e inteligencia se denominan, respectivamente, Padre y Madre divinos en la tradición bíblica. Pero la inteligencia de 'Adam, convertido de nuevo en animal, parece haber adquirido una autonomía de revancha en relación con la sabiduría, y haber salido disparado hacia las más altas esferas del conocimiento, a la sazón, divinizado. Es el «Chat GPT» y otras supuestas maravillas que se han descubierto en la actualidad. ¡Un conocimiento que hace madurar el fruto de 'Adam, pero sin que éste se haya convertido en él!

Satán, y san Miguel con él –lo descubriremos más adelante–, están ambos ante nuestra puerta para distinguir a aquellos que se vuelven hacia su ontología y hacia su Señor de aquellos que divinizan su propio descubrimiento.

Esta digresión era necesaria para establecer una relación más clarificadora entre nosotros y nuestros textos sagrados, así como para despertar en nosotros la «novedad total» que se perfila hoy en el mundo. Porque tenemos que tomar conciencia, con urgencia, de la ruptura que se está produciendo entre los que inician la experiencia de este volverse y los que se mantienen esclavos de sus antiguos valores o de la reducción de estos a la nada en una actitud reactiva asimismo estéril.

Como si +A tan sólo pudiera oponerse a −A en una lucha asesina **contra** él en lugar de luchar **junto a** él en una verticalización creadora de un tercer término.

Con esto quiero decir que los problemas sociales, discutidos hoy día en las más altas esferas gubernamentales, patinan en la horizontal en campos estériles sin salida.

El problema de la muerte es uno de los que se mencionan a continuación. ¿Puede uno elegir el momento de su muerte? ¿Es posible reducir los últimos días, las últimas horas? ¿Y prolongar artificialmente una vida que tan sólo se conserva gracias a la medicación? Con ello tocamos ciertos extremos…

Si la muerte es una «visita divina del amante» que intenta penetrar (otra imagen) a la oruga que somos para transformar sus estructuras y liberar la mariposa, ¿qué sucede con la oruga que suprime esas estructuras sin esperar la visita del Amado? ¿Nace la mariposa? ¿Puede nacer un bebé por la única decisión de un óvulo?

La situación de aquello en lo que se convierte esa oruga ¿es menos o más dolorosa que lo que esta acaba de rechazar…?

Con esta «visita del amante», podemos intentar acercarnos a algunas respuestas.

Abreviar los últimos días, e incluso las últimas horas, plantea la pregunta, pero parece que el Amado está cerca… y sabemos que rebosa misericordia. Y hoy, cuando la humanidad posee una rica farmacopea, no parece que este problema sea crucial.

En cambio, dado que esa riqueza que se ha mencionado, permite prolongar indefinidamente la vida de personas inconscientes, como ha sucedido en algunos tristes casos (inconscientes e incurables), ¿es justo hacerlo? Decir que nos exponemos a acabar con la paciencia del Amado no es más que evadir la respuesta… Podemos pensar (porque ¿podemos decir algo más que eso?) que estamos condenando al enfermo a errar sin salida en nuestro mundo de una manera agotadora, pero sin realización anunciada en el otro. Supone, en todo caso, retrasar un proceso de realización, y esto debe de ser muy difícil de vivir para la persona que, a la sazón, es víctima del rechazo que muestran los suyos ante su partida.

El amor de éstos, en su inconsciencia, parece bloquear el amor divino liberador de aquel o aquella a quien ellos lloran.

Vuelvo a comentar, antes de avanzar, con la autoridad de la Biblia, que no morimos, sino que **mutamos.** Se trata tan sólo de la desaparición de nuestra túnica de piel para liberar su «hálito», es decir, el Espíritu que, por su parte, permanece y hace mutar al Ser.

El día de nuestra muerte «entregamos el alma», es decir, el Espíritu, que permanece. Nuestra alma es divina. Es la de la Simiente depositada por Dios en 'Adam el sexto día del Génesis y que da vida ya desde su estado como semilla.

Ahora bien, a esta simiente sembrada, que es indestructible, eterna y sin principio ni fin, se la puede dejar como muerta, se la puede esterilizar. Pueden producirse, digamos, «asesinatos» de esta simiente.

Hoy en día, asistimos a esta tragedia de manera habitual, porque las autoridades civiles confunden la laicidad de las estructuras del Estado con la desvitalización espiritual de los seres dependientes de esas estructuras. Por lo mismo, prohíben cualquier enseñanza religiosa que despierte el Espíritu, cualquier señal en el vestuario, o del tipo que sea, que afirme una ética de inspiración confesional, cualquier lenguaje que respire otra «espira» que no sea la de la máquina. Estoy pensando en todos esos niños que están rotos o que se hallan en el despertar de su convertirse en Verbo, o bien en el de su sexualidad, que queda descarriada.

Muchos de ellos (refugiados), tras perder la inserción en su polo de Tierra, quedan cercenados del polo del Cielo. Son como árboles sin raíces que se refugian en la droga, la delincuencia, e incluso el crimen. Y éstos pueblan las cárceles y los hospitales psiquiátricos, o bien se suicidan. Para todos ellos tengo fe en la infinita misericordia del amante divino. Pero ¿qué les sucede a sus asesinos en el momento de su propia muerte? ¿A qué situación se han enviado a sí mismos?

«Todo aquel que blasfeme contra el Espíritu Santo no obtendrá perdón», afirman tres de los evangelistas (Mt 12, 31-32; Mc 3, 29; Lc 12,10). Parece que sean ellos los que, en esta etapa, son reconducidos al estado animal, pero vaciados de su simiente divina. Apoyo esta reflexión en presencia de dos verbos hebreos que dan cuenta de la acción de matar:

El verbo *Harog* חרג se emplea con mucha frecuencia en la Biblia en lo que atañe a las guerras, los asesinatos y las rivalidades humanas.

Y el verbo *Ratsoah* רצח, muy próximo al nombre del Espíritu (*Rouah* רוח) en el que la letra *Vav* ו coordina, une la *Resh* ר y la *Jet* ח.

El hombre, figurado por la *Vav* y aceptando el principio *Resh* de ser conducido hacia la barrera *Jet* en la que será verificado, entra entonces en el hálito del Espíritu *Rouah*.

Pero ¿qué ocurre cuando la *Tsadé* צ ocupa el lugar de la *Vav* ו?

Si el Hombre se hace oponente o adversario, *Tsad*, de la simiente divina que nos habita a todos (la *Yod*), la esteriliza.

En el verbo matar, *Ratsoah*, la *Vav* conjuntivo ו es destruida por la energía del *Tsadé* צ, letra que se asemeja a un «arpón». Se pone de manifiesto que en este verbo el *Tsadé* es el asesino que esteriliza el Espíritu *Rouah* רוח.

Ahora bien, ese verbo *Ratsoa* רצח es el que está presente en el Decálogo cuando Dios-'Elohim afirma con fuerza «No matarás».[7] Esto quiere decir que «matar el Espíritu» es esterilizarlo en el corazón de un ser; es bloquear el devenir de ese ser durante, a veces, esta vida de aquí abajo al completo, pero nunca definitivamente.

Mientras que el asesino, por su parte, parece retornar a la vida animal. En este último caso, ¡los que matan se matan! Retrocediendo hasta tal punto que tendrán que esperar el tiempo de mutación de su energía en una obra divino-humana para ser reintroducidos en el concierto de la vida, ese que tan sólo tiene una única nota, el amor.

---

7. Dt 5, 17.

Capítulo
3

SAN MIGUEL Y SATÁN
GUARDIANES DE LOS UMBRALES
DE EVOLUCIÓN

«Hacer crecer la simiente divina
que somos».

La inteligencia adquirida a través de mutaciones interiores va acompañada de la sabiduría; si se adquiere tan sólo por la vía exterior, está desprovista de ella: «Ciencia sin conciencia no es sino ruina del alma». Por eso, 'Adam pasará una verificación en cada etapa de su crecimiento.

¿Ha hecho madurar el fruto del Árbol del Conocimiento tomando el camino de sus desposorios interiores con el fin de hacer crecer su conciencia y convertirse en su NOMBRE, o ha utilizado su poder sin conciencia y sin límite como herramienta de conquista únicamente del mundo exterior?

No podemos crecer más que aceptando mantenernos dentro de límites, y esta verificación es, en sí, una protección para 'Adam en su camino de evolución. Porque al ir subiendo de manera progresiva los diferentes peldaños de la escala, recibe la luz de ese río divino siempre y cuando pueda soportar su intensidad.

Esta verificación es confiada por Dios a aquellos a los que yo llamo, en el desempeño de su papel, los «Guardianes de los umbrales de evolución», lo cual nos conduce de un modo más particular al arcángel san Miguel.

Pero ¿cómo abordar nuestra meditación sobre este gran arcángel, sobre aquel que parece ser el príncipe de la más alta jerarquía angélica, sin interesarnos primero por lo que se nos enseña de esos mundos tan misteriosos de los ángeles? Yo ya estaba trabajando en ello[8] junto con mi amigo antropólogo Pierre-Yves Albrecht hace más de diez años. Ambos buscábamos información en los dos Testamentos, en el Corán, en los Vedas y en la infinita riqueza de la Antigüedad, sin contar los estudios que de ellos hicieron los Padres de la Iglesia, como Dionisio el Aeropagita y Juan Climaco, científicos como Avicena o enamorados de Dios como Henry Corbin, ¡y este último calificó la tarea como desmesurada!

Pero ¿acaso este estudio no está verificado por la propia experiencia personal? ¿Y ésta por las Escrituras? Se desarrolla un continuo vaivén al borde del río «UNO», es decir, divino, que conecta las «Aguas de Arriba», el ámbito divino, el de los 'Elohim, con las «Aguas de Abajo», la 'Adamah, el vientre matricial de 'Adam, el del Hombre que somos todos. Entre estas dos «Aguas» se encuentra el ámbito de los ángeles. Las jerarquías más altas corresponden al mundo mineral; las intermedias, al mundo vegetal, y al mundo animal las terceras jerarquías angélicas, creadas el sexto día del Génesis, y de las que será distinguido 'Adam.

En la Biblia, el patriarca Jacob, futuro Israel, tuvo en sueños una visión de estas jerarquías muy cercana a ésta. Los ángeles subían y bajaban por una escala que conectaba esas «Aguas» mientras él dormía aún en la 'Adamah.[9]

---

8. *Cheminer avec l'Ange*, Le Relié, 2011.
9. Gn 28, 10-22.

Ésa fue también la visión de Daniel, el profeta, quien recibió la visita de san Miguel mientras se paseaba a lo largo del Hidekel.[10] Este río es el que habría abrasado a 'Adam de no haber sido devuelto al vientre materno para asumir una gestación adicional.[11]

Veremos que fue el arcángel Miguel quien lo protegió, pero no pudo hacer nada más que entregárselo a su compañero de obra, Satán, mientras que el profeta Daniel sí alcanzó ese río de fuego sin ser abrasado.

En el Apocalipsis de Juan, que parece ser el relato del combate del arcángel Miguel y de sus ángeles con Satán, tras acudir ambos a verificar al 'Adam en un tiempo que para nosotros es el futuro (pero seguramente es actual...), el arcángel sale vencedor.

En el Corán, que no es otra cosa que un canto angelical, «Mikâl» forma parte de los cuatro arcángeles que desempeñan un papel fundamental en el plan divino. Una vez es nombrado de manera explícita[12] y muchas más tan sólo se hace alusión a él.[13] Se encuentra en lo más alto de la escala que el patriarca Jacob vio en sueños, y todos los ángeles que se hallan subordinados a él cumplen la función que tiene él de sostén y de empujar hacia arriba a los Hombres que se encuentran en vías de su realización espiritual.

---

10. Dn 10, 4.

11. Gn 2, 10-14.

12. Sura II – 98: «Todo aquel que se haga adversario de Dios, de sus Ángeles, de Sus profetas, de Gabriel y de Mikâl, entonces Allah es el adversario en favor de aquel que impide crecer», según la traducción de Raouti Rezali.

13. En árabe, la etimología del nombre Mikâl significa «sujeción», «sostén», «abertura estrecha», «bastón sobre el que uno se apoya».

Entre las tareas que le han encomendado tiene a su cargo hacer que caiga la lluvia sobre todo lo que tiene que crecer, una misión capital en el contexto del nacimiento del islam en el desierto.

Sostiene y mantiene el templo (el cuerpo) para el Espíritu. Protector, se mantiene en la Sabiduría en el momento de traspasar la «puerta angosta», para impedir el error, la caída o la degradación.

La Sabiduría y el Conocimiento son dos cualidades divinas, llamadas, en la Biblia, Padre y Madre divinos, respectivamente. Pero lo cierto es que, del mismo modo que el arcángel Miguel está relacionado con la Sabiduría divina, parece que Satán, considerado como «el más astuto de todos los vivos»,[14] sea quien encarna el Conocimiento, sobre todo el conocimiento del Santo Nombre, y teme que el Hombre ('Adam) lo alcance y lo supere a él, porque, ese día, él será el último elemento creado en integrarse en el «todo realizado».

Esta intimidad del arcángel Miguel y de Satán se impone como ligada al Santo Nombre YHWH en torno al cual combaten ambos, uno para que el Hombre lo alcance y el otro para impedírselo.

El nombre de Mikaël procede directamente de la contracción de esta pregunta en hebreo: *Mi – 'El Kamōka*?, que encontramos en los textos del profeta Miqueas, conmocionado por la misericordia divina, quien, en su sabiduría, perdona una y otra vez: «¿Quién es como tú, *'Elohim,* para cargar con la culpa y perdonar el pecado?...».[15]

---

14. Gn 3, 1.
15. Mi 7, 18.

¿Mi −'El Kamōka?, interrogante asimismo cantado por el salmista, quien exclama: «Has realizado cosas tan grandes: Oh, *'Elohim, ¿*quién es semejante a ti?».[16]

Mikaël es el nombre que recibe quien se encuentra más cerca de 'Elohim y es capaz de penetrar en su fuego. También hunde sus raíces en el Santo Nombre YHWH y en el canto del salmista, que varias veces se maravilla: «Todos mis huesos lo dicen: "¿Quién es como tú, YHWH, para liberar al desdichado de uno más fuerte que él...?[17] *¿Mi −'El Kamōka?* Quién es como tú?"».

«Más fuerte que él» es claramente aquí Satán, que no quiere que lo superen, como acabamos de ver.

Este maravillarse por la Sabiduría divina que acompaña al nombre de Mikaël recorre toda la Biblia, y el arcángel está muy presente junto a todos aquellos que, despegándose del colectivo, recuperan «su persona» y resultan vencedores de Satán en las diferentes etapas del camino. Y con ello reconquistan su ontología.

Esto es lo que ocurre con Moisés. ¿Acaso no está ya el arcángel Mikaël en el «bastón» en el que se apoya Moisés?[18] En el momento de su muerte, el apóstol Judas afirma las siguientes palabras: «El arcángel Miguel, cuando debatía con Satán y le disputaba el alma de Moisés, no se atrevió a dirigir contra él −Satán− un juicio injurioso, sino que le dijo: "¡Que te reprenda el Señor!"».[19]

---

16. Sal 71, 19.
17. Sal 35, 10.
18. Ex 4, 2. En hebreo, la palabra *Mateh* significa también «apoyo», «sostén».
19. Judas 9.

Esto quiere decir que, si nuestros dos arcángeles, san Miguel y Satán, están al lado de Moisés en esta prueba, con seguridad lo están también junto a Josué, a quien Moisés bendijo para que le sucediera junto a los hijos de Israel, a la sazón instados a salir del desierto. Salir del desierto y entrar en la Tierra prometida es la última etapa de ese gran tapiz tejido desde la obediencia de Abraham al «Ve hacia ti»[20] proferido por su Señor y que se remata ante la fortaleza de Jericó.

Moisés ante la muerte; Israel conducido por Josué ante la fortaleza de Jericó; pruebas UNA en profundidad, sobre las que velan san Miguel y Satán, y a las que el arcángel Miguel da la victoria: las murallas de Jericó se derrumban al son del *shofar* y Moisés se eleva más tarde, junto con el profeta Elías, junto a Jesús transfigurado.[21] Todos son vencedores de Satán.

Este texto del apóstol Judas me proporciona la valentía suficiente para decir que san Miguel, se nombre o no, está presente en todas las pruebas por las que pasa 'Adam (hombres y mujeres), pruebas que se encuentran en la Biblia, en los Libros sagrados de la humanidad y en la vida de todo ser humano.

En la Biblia, si bien no se le nombra, el arcángel, por ejemplo, está ciertamente presente junto a Job, «entre los hijos de Dios que acaban de recorrer la tierra con Satán» y que ahora dan cuenta de ello a su amo.

«¿Te has fijado en mi servidor Job?», pregunta el Señor al Satán. Una pregunta a partir de la cual el serafín es el

---

20. Gn 12, 1.
21. Mt 17, 3.

encargado de someter a prueba a Job una primera vez, en sus bienes y en sus afectos.

«Pero no pongas la mano sobre él», precisa el Señor.[22] Y Job permanece fiel a su Dios. Decidido a someterlo a prueba una vez más, el Maligno insiste ante el Señor: «Extiende tu mano, toca sus huesos y su carne, estoy seguro de que maldecirá tu faz».

«Bien, a ti lo entrego, pero respétale la vida», afirma el Señor.[23] Y Satán únicamente puede operar respetando los límites impuestos. Job queda entonces cubierto de pies a cabeza de una perniciosa lepra. Desgarrado, y aceptando que no comprende nada, Job continúa alabando a su Dios y manda callar a su *'Ishah*, es decir, a todos sus animales del alma, que se han rebelado por instinto, pero también acalla, de una manera mucho más sutil que cualquier rebelión, la cautelosa justificación de este castigo de Dios que le traen tres visitantes que dicen que vienen a consolarlo. Ahí es donde el contexto bíblico me permite advertir, junto a Job, la presencia de san Miguel dando fuerza al que está sometido a prueba para que despida a esos adversarios, ¡los únicos realmente diabólicos!

Tras un proceso largo pero regio, Job se convierte en su NOMBRE. En ese momento es recibido por Dios en la cámara nupcial: «Mi oído había escuchado hablar de ti; ¡ahora mi ojo te ve!».[24]

En la Biblia, la tradición oral afirma que san Miguel es uno de los cuatro vivientes de la visión que tuvo el profeta

---

22. Jb 1, 12.
23. Jb 2, 6.
24. Jb 42, 5.

Ezequiel del trono de Dios;[25] seguramente san Miguel es el águila que simboliza al propio Señor más de una vez en estos textos sagrados; pero ¿acaso no se oculta, a su vez, Satán detrás del león, del que el profeta dice más adelante «que devora las almas y se apodera de las cosas valiosas?».[26]

Aun no siendo nombrados por el escritor bíblico, los dos arcángeles no dejan de estar presentes, sin confundirse pero indisociables, para verificar el camino del Hombre y someterlo a prueba, pero también para facilitarle los materiales de victoria.

¿Acaso no están ambos, así, junto a Judith, esa mujer que, tras haber discernido al animal malhechor que causa estragos en el corazón de los habitantes de Betulia y al que da forma concreta Holofernes, general en jefe de los ejércitos que han ido a atacar la ciudad, se alza totalmente armada, aunque de plegarias y astucias divinas? Ella penetra en el campo enemigo y mata a Holofernes.

¿No están ambos presentes también junto a Noemí, quien, en el hermoso libro de Ruth, actúa como un varón penetrando en el inconsciente colectivo de los habitantes de Belén, «la casa del pan», cuando causaba estragos el hambre, para rastrear al demonio responsable? Para atraparlo y volverlo a poner en las manos divinas, sólo puede ayudarla el arcángel. Los trigos, entonces, vuelven a crecer en Belén, y Noemí da a la ciudad un hijo, Obed, que será el padre de Jesé, a su vez antepasado de Cristo.

Pero aquel a quien Cristo designa como el signo capital de este regio camino es Jonás. Tras negarse a obedecer

25. Ez 1, 10-11.
26. Ez 22, 25.

la orden de Dios para que se dirija a Nínive (su 'Ishah o inconsciente personal) para rastrear las energías animales destructoras (aquí, la de los peces), Jonás, con el miedo en el cuerpo, toma el barco que va en sentido opuesto. Y, de repente, en el transcurso del viaje, el barco queda atrapado en una enorme tempestad. Los marineros intentan salvar el navío quitándole lastre de arriba abajo, hasta el momento en que, dado que nada surte efecto, Jonás comprende de pronto que él es quien ha causado esa desdicha y pide que lo arrojen al mar. Y allí se lo traga un enorme pez, materialización de su miedo y de su rechazo a obedecer.

Aterradora toma de conciencia sobre la que debió de velar el arcángel Mikaël. Jonás reza a su Dios y el pez lo vomita, momento en que se marcha a Nínive.

No nos engañemos con ilusiones. Las leyes divinas que fundamentan la ontología de lo creado, y, por consiguiente, del Hombre, son ineludibles. Ahora bien, el camino del Hombre, que trepa por la escala que le conduce a su *Elohim* en las «Aguas de Arriba» para convertirse en su NOMBRE, implica lo siguiente: tras haber integrado las energías animales captadas en las «Aguas de Abajo» (el inconsciente del Hombre-'Adam), el Hombre, durante su ascenso por la escala, y para subirla, debe integrar las energías angelicales hasta las últimas, y estas últimas son los dos arcángeles. El arcángel Miguel, en su sabiduría, no se protege. Satán, en su inteligencia, lo rechaza; de ahí su perversidad.

Podemos compararlos con lo que son para nosotros, que somos reconducidos al estado animal, pero somos «capaces de Dios», el Espíritu y lo mental. Ellos dos son «capaces de Dios», pero el Espíritu se mantiene religioso y poco operativo, y lo mental galopa en una inteligencia enloquecida que hoy ha fabricado el falso fruto del Árbol del Conocimiento.

Pongo término aquí a estas reflexiones que se deducen del estudio precedente para abordar un último pasaje bíblico relacionado con san Miguel.

Antes de entrar en este trabajo, quisiera precisar que, cuando en el Antiguo Testamento se dice que una pareja es estéril, no se trata de que no pueda procrear, sino de silencio de la Simiente divina que está depositada en el corazón de toda *Ishah*, presente tanto en el hombre como en la mujer, en su inconsciente.

La Biblia está ahí, en esencia, para denunciar esa esterilidad y hacer que leve la Simiente. ¡Todos somos Jonás y tenemos que ir a Nínive!

Los Evangelios también habrían podido recordarnos el «Ve hacia ti» exigido por Dios al primer patriarca de Israel, Abraham.[27] Y es precisamente de este último acontecimiento bíblico del que deseo hablar, porque afecta al Patriarca. Antes de recibir la orden de que debía partir, de él se había dicho que su esposa Sara (su *Ishah*) era estéril. Obedeciendo a su Dios, Abraham parte con Sara y también con su sobrino Lot, cuyo nombre significa «el velado».

Nos asiste el derecho de decir que, si bien Abraham se marcha con Sara, su inconsciente personal, recientemente despierto en él, también parte con lo que en las repercusiones bíblicas resultará ser el inconsciente colectivo del pueblo de Israel que va a nacer de él.

Tras su partida, muy pronto comprendemos que existe un proceso de diferenciación entre Abraham y Lot, ya que

---

27. Gn. 12, 1.

ambos se separan, uno a un lado del mar de sal y el otro al otro lado. Lo mismo ocurre entre Abraham y Sara. Y un poco más tarde, cuando tres ángeles se presentan a las puertas de la tienda de Abraham para acabar con la esterilidad de Sara, a ésta, poco preparada para tal conmoción, le entra una sofocante risa orgásmica, pero no duda. Y unos meses más tarde nace Ytshaq, esa risa.[28]

Con este episodio, vivimos un antecedente de la Anunciación a María, quien, a su vez, convertida en íntima de esa dimensión, no reirá, sino que se inclinará, pues estaba totalmente dispuesta para recibir al arcángel Gabriel, ya que su vida no había sido otra cosa que un ascenso de la Tierra al Cielo en la intimidad de los ángeles.

La identidad de los tres ángeles que visitan a Abraham y a Sara sólo se revela en una tradición oral. Parece que se trata de Gabriel, Mikaël y Rafael. Pero esto es tanto como olvidar el episodio bíblico que sigue a este acontecimiento, memorizado de manera rápida con el nombre de «la hospitalidad de Abraham». En realidad, si se levanta la esterilidad de Sara, con seguridad la de Lot, por su lado, quedará trastocada. En efecto, inmediatamente después de que se haya cumplido con el rito de la «hospitalidad», los ángeles se separan. Gabriel casi con seguridad permanece durante cierto tiempo junto a Sara, pero los otros dos mensajeros de Dios son enviados junto a Lot, a quien conminan a que desplace la frontera que lo diferencia de Abraham y de los suyos.

En ese momento se somete a Lot a una dura prueba, obligándole a que entregue una cantidad de «no realizado»,

---

28. Gn 21.

simbolizada por lo femenino de su familia, para que sea realizado, pero eso le hace pasar por una muerte y le hace ubicar más atrás su frontera, que era el «mar de sal», y pasa a ser la estatua de sal en la que se transforma su esposa.

Este acontecimiento capital para el pueblo de Israel, que surgirá de los «riñones de Abraham», coincide con todos los de la Biblia y los de la vida de todos nosotros cuando somos sometidos a una prueba de crecimiento, es decir, a una prueba de tránsito de un nivel de conciencia a otro nivel superior. Y sabemos que los dos grandes maestros que en esos casos son enviados del cielo para el ritual son los arcángeles Mikaël y Satán. Mikaël y Satán son enviados junto a Lot, pero ambos ya estaban allí con Gabriel «el anunciador» junto a Sara. Parece que Satán, cuyo papel no estaba y todavía sigue sin estar claro para nuestros profesores, fue sustituido por el arcángel Rafael….

Cuando en el siglo XV el iconógrafo Roublev pintó los tres ángeles llamados «de la hospitalidad de Abraham», es posible que no supiera que estaba ofreciéndonos, para que lo veneráramos, a aquel que la humanidad ha tomado como maestro, ¡y de cuyas garras tanto trabajo le cuesta liberarse! Tanto si el icono tiene este sentido como si es un don de la Divina Trinidad sin referencia a esa etapa bíblica, está repleto de fuerza de salvación y es digno de veneración.

¡Obra divina es también la construcción de lugares santos consagrados a san Miguel en el mundo entero! Todos ellos están contenidos en el que se alza en Francia en el monte «Tumbas», verdadero desafío a la muerte, en el corazón del mar, sobre una roca azotada por las tempestades y de la que no se sabía con certeza si podría albergar los cimientos de un edificio, por nimio que fuera. ¡Y no obstante, se pudo levantar! A comienzos del siglo VIII, el obispo de Avranches, san Aubert, recibió en sueños la visita de san Miguel, quien le pidió que erigiera un santuario que sería consagrado a él. Y los constructores, con un genio en el que estaban recogidas sus competencias, pero también con la seguridad de la gracia del cielo, arrancaron la vida a aquella roca mortuoria; una vida grandiosa, viva como una llama eterna. ¡Y los peregrinos no permiten que esté sola!

Pero el arcángel Mikaël también construye su santuario en las almas. Junto con sus compañeros celestiales, visitó a nuestras tres amigas húngara, Hannah, Lili y Gitta, así como a Joseph, el marido de Hannah, cuando la guerra hacía que les silbaran los oídos y el nazismo segaba salvajemente la vida de su país, e incluso, más tarde, la vida de tres de ellos. Sólo quedó Gitta para dar testimonio, y yo me reuní con ella.

Poco antes de que todos, salvo Gitta, fueran deportados, los visitó el ejército de los ángeles, que, hablando de san Miguel, cantaba:

«¡Él es como ÉL!».
El amor inmenso
con el que tú buscas a Dios languidece,
Porque tú eres UNO con ÉL
[...]

«Michaël,
Tu balanza pesa
Tu espada cercena [...]».

53

«¡Michaël da fuerza!
Tú, cuyo pie aplasta la cabeza de la serpiente.
La fuerza fría, sólo tú puedes darla.
Lo que tú cercenas ya está muerto».

¡Misterio! todos los ángeles, los serafines,
los querubines,
Todas las Potencias del Cielo,
los que cantan, los que sirven,
descienden y LE sirven
a ÉL que está en vosotros.
¡Llamad y acudimos!
[…]

Si nosotros venimos, ÉL también puede venir.
[…]

Porque Él es UNO con vosotros.[29]

Cuando los ángeles celebran «la espada del arcángel», en realidad ésta está cargada con la Espada del Santo Nombre YHWH (יהוה en hebreo), el Santo Nombre que se presenta en forma de espada: הוה

Porque, según el libro de los cabalistas, el Zohar:[30]

---

29. Entrevista 76 del 29 de septiembre de 1944, *Dialogues avec l'Ange,* eds. Aubier, 1990. (Trad. cast.: *La respuesta del ángel,* ed. Sirio, Málaga, 2000).
30. Zohar III 27 4b.

El Tetragrama es una Espada,
La *Yod* es la empuñadura,
La *Vav*, la hoja,
Las dos *Hei*, los dos filos.

Aunque sea UNO para todos, el Santo NOMBRE es único para cada uno y nos convierte en la Esposa, en ese momento en presencia del Esposo, que le dice: «¡Ven!».[31]

Y es Mikaël el que nos somete a verificación haciendo la pregunta «¿Quién es como Dios?»; es el que nos conduce ante él.

Para concluir esta meditación dedicada a san Miguel, me atrevo a desafiar el temor de ser incomprendida por el «mundo antiguo», como los ángeles de los *Diálogos*[32] llaman a quien se está desplomando hoy en día. Pero si estos ángeles intervinieron en Hungría hace más de ochenta años, no pueden desentenderse de lo que está ocurriendo hoy, por lo que 'Adam, recubierto con su piel animal tras su fracaso pasado, está siendo sometido a prueba de nuevo.

De modo que abramos nuestros ojos del corazón y comprendamos que aquí están san Miguel y Satán, ambos guardianes del NOMBRE. Ellos son también las dos últimas energías que el Hombre deberá integrar antes de la auténtica conquista del verdadero fruto de los árboles del jardín del Edén, siendo ese jardín el espacio que abarca el ascenso por la escala que une las dos «Aguas».

Una de estas energías, la de la Sabiduría ligada al Árbol de la Vida, es el querubín san Miguel; la otra, la de la In-

---

31. Ap 22, 20.
32. *Dialogues avec l'Ange, op. cit.*

teligencia ligada al Árbol del Conocimiento, es el serafín Satán.

Peor parece que, del mismo modo que san Miguel está dispuesto a entregarse sin reservas a la gran obra adámica, al enriquecimiento de lo infinitamente rico, Satán, que siente envidia del Hombre, lo rechaza y multiplica sus argucias para intentar impedir que crezca. Y cuando lo logra, dado que la creación está dotada de libertad total, Dios se retira. Queda impotente y deja a Satán obrar con su obra maligna, hasta el momento en el que 'Adam aparte a ese falso maestro y se dé la vuelta, oyendo por fin lo que Dios le había dicho: «Con el sudor de tus narinas comerás pan hasta que **te des la vuelta** hacia tu *'Adamah*».[33]

Este giro, que ha sido obra de hombres y de mujeres de todos los tiempos y de todas las tradiciones pero estrictamente personal, tiene hoy sobrecogida a la colectividad. Y con toda urgencia tenemos que abandonar nuestros valores de monaguillos para entrar en el verdadero sacerdocio. En ese momento, en la sabiduría adquirida del Espíritu Santo y en la inteligencia que a ella va ligada, será cuando comprendamos esto: en el plano divino y ontológico, san Miguel y Satán conducen al Santo NOMBRE que es fruto de los dos Árboles del jardín; el del Conocimiento y el de la Sabiduría. Pero el fruto del Génesis que le presenta Satán a *'Ishah* es sólo el del conocimiento, está desprovisto de cualquier adquisición de sabiduría. Es la obra de una mente deificada por una inteligencia seca totalmente desprovista de Amor y que interpreta el papel de maestro en lugar de mantenerse como sirviente.

---

33. Gn 3, 19.

No nos hagamos ilusiones. Nuestros conocimientos actuales y otros juguetes, convertidos para muchos en armas temibles, nos están conduciendo al borde de un nuevo retorno al estado animal.

Pero nuestro trabajo es responder a lo que pide el Dios del Génesis a 'Adam y que he recordado en todos mis trabajos: poner nombre y capturar a nuestros animales del alma, los de nuestra *'Ishah* (lo que exige un amor infinito), para entregárselos al Señor YHWH, quien, en una alquimia secreta, convertirá su energía en información. Ahí está el verdadero fruto. No tengamos miedo a las tretas del camino, ya que éste es nupcial.

Que san Miguel, con el poder del Espíritu Santo, nos ayude a no zozobrar. San Miguel, junto con Cristo, el Hijo de Dios, y la cohorte de los ángeles.

¡Loado sea!

CONVERSACIÓN CON ANNICK DE SOUZENELLE[34]

---

34. Declaraciones recogidas por Marc de Smedt el viernes 23 de junio de 2023.

Tras realizar las labores de edición de este libro, visité a Annick, cerca de Angers, en su residencia medicalizada. Esta mujer centenaria resplandecía, estaba sonriente, y sus ojos y su discurso eran claros. En la cabecera de la cama había un libro sobre sufismo y una revista que trataba de la relación de Blaise Pascal con Dios, así como algunas cartas. Frente a su cama pude ver unos iconos.

Hablamos del trabajo que estaba en marcha y, después, me preguntó: «¿Estás escribiendo en este momento?». Le comenté brevemente que, en efecto, estaba inspirado por una noción del budismo, la de las nueve conciencias. Las cinco primeras que corresponden a los cinco sentidos, porque el oído, el tacto, el olfato, la vista y el gusto desarrollan conciencias particulares; la conciencia reflexiva e intelectual constituye la sexta, mientras que la séptima es la conciencia contaminada (por nuestra mente perturbada y nuestras emociones incontroladas). A continuación, le sigue la conciencia *alaya*, la octava, a la que también se llama conciencia espejo u oceánica, y que asimismo podría definirse con un término empleado, entre otros, por el filósofo Jaspers: la conciencia de la conciencia. Todas estas conciencias están, evidentemente y de modo permanente, mancilladas por esa conciencia contaminada; ¡es imprescindible un trabajo interior continuo para limpiar nuestras propias caballerizas! La novena, por último, es esa semilla de conciencia que podría sobrevivirnos una vez que todos los agregados que nos componen queden destruidos por el proceso de la muerte: una energía sutil que, en cierto modo, habríamos ido forjando en el transcurso de nuestra vida, en lo peor y en lo mejor, y que quizá correspondiera a esta hermosa expresión popular: él, o ella, entregó el alma...

Muy interesada por este concepto oriental, Annick me hizo este comentario, que reproduzco con su consentimiento:

—Existe una trascendencia absoluta que tenemos que encarnar ya desde esta vida.

»Hay personas muy sencillas, como aquella señora que, sola con su Biblia, cuidaba de las cabras a mil metros de altura, en las Cevenas, y con la que me encontré y mantuve una conversación luminosa, igual que grandes intelectuales o burgueses, que se revelan en la búsqueda de su parte esencial. En ese momento pueden ser conscientes de que existe no sólo una conciencia que va más allá de la conciencia, sino también más allá de nuestro cuerpo: en ese instante se encuentran en camino para intentar encarnar por completo esa dimensión del ser.

»Todos y cada uno de nosotros tenemos esta posibilidad en nuestro interior; no obstante, pocos hacen el esfuerzo de acceder a ella: si no se desbloquea el conocimiento para entrar en la experiencia, el resultado de la búsqueda espiritual resulta igual a cero. Hay muchísimas personas que pronuncian hermosos discursos, pero que permanecen cercenadas de esa realidad. Sin un trabajo interior auténtico, ¡sus palabras y su ser están huecos, vacíos de sentido!

—Por otro lado, los budistas afirman que hay que pulir sin cesar en nuestro interior la naturaleza de Buda, esa parte de nosotros mismos que es la mejor, que es como una piedra preciosa entre su ganga de materia –comenté.

—¡Qué preciosa expresión! Estamos en una época bisagra de la vida de la humanidad a la que he llamado el Gran Viraje. ¿Cómo y cuándo se va a producir? No lo sé. Pero cuando, por las noches, enciendo la televisión y veo a todos esos pobres seres que andan errantes entre el desconocimiento, la avidez, el poder, el patriotismo obtuso y el egoísmo absoluto del hiperconsumo… Todos creen que están en la realidad, pero, de hecho, están en una realidad densa que hace que estén ciegos.

»Los que buscan sentido, en cambio, no se dejan embaucar, y, cada uno a su manera, están empezando a obrar esa toma de conciencia imprescindible para el viraje interior. Pero nuestro Satán, que está muy ligado a la conciencia contaminada y al conocimiento pervertido, nos pone zancadillas sin cesar en nuestro proceso espiritual para que permanezcamos bloqueados en estratos inferiores. Mientras que san Miguel, que lo tiene todo que ver con las conciencias superiores, nos libera cuando éstas se liberan. Todo eso es lo que he intentado decir en este último libro…

Como noté que estaba cansada, me despedí de ella, y, cuando me encontraba en el umbral de la puerta, me dijo con una sonrisa resplandeciente: «¡Hasta siempre!».

ÍNDICE

El cuerpo humano tiene un lenguaje mediante el cual expresa su goce y sus sufrimientos, pero también es un lenguaje en sí, un «libro de carne».

Aprender a leer el cuerpo es estar atento a su dibujo, saber desencriptar las formas del laberinto anatómico; es también oír lo que nos dicen los grandes mitos de la humanidad sobre la naturaleza y la función sutil de cada uno de los órganos; es, finalmente, nos dice Annick de Souzenelle, redescubrir el Árbol de los cabalistas, porque si el hombre fue «creado a imagen de Dios», la imagen de su cuerpo debe ser leída como el reflejo terrestre de ese «Árbol de la Vida» del que nos habla la tradición de la cábala.

Difundido en más de doscientos mil ejemplares durante aproximadamente cuatro décadas, esta obra única en su género aparece por primera vez ilustrada en color, haciendo eco a escenas bíblicas y mitológicas de otras esferas culturales. Un tesoro para cualquier lector que esté en búsqueda de sentido.

Entre la muerte y la vida, que aporta consuelo a las personas temerosas y confirmación a las curiosas, examina los distintos niveles de existencia en los reinos espirituales a través de los testimonios de las vidas pasadas de cientos de personas, tal y como le fueron revelados a Dolores Cannon, autora de numerosas publicaciones, regresionista a vidas pasadas e hipnoterapeuta de prestigio internacional.

¿Qué sucede en el momento de la muerte? ¿Dónde vamos después? ¿Sobrevive nuestra personalidad tras la muerte? ¿Cómo se responde por las buenas y malas experiencias en la vida? ¿Cuál es la finalidad de la existencia?

Durante cuarenta años de rigurosa investigación, la muy respetada y experimentada terapeuta estadounidense especializada en regresiones a vidas pasadas ha acumulado una gran cantidad de información fiable sobre la experiencia de la muerte y de lo que hay en el más allá.